THE WEAPONS ENCYCLOPÆDIA
TANK AIRCRAFT AFV SHIP ARTILLERY VEHICLES SECRET WEAPON

AF113270

TWE-026 ITA

TANKETTE TK/TKS

THE WEAPONS ENCYCLOPAEDIA

EDITORIAL STAFF
Luca Cristini, Paolo Crippa.

REDAZIONE ACCADEMICA
Enrico Acerbi, Massimiliano Afiero, Aldo Antonicelli, Ruggero Calò, Luigi Carretta, Flavio Chistè, Anna Cristini, Carlo Cucut, Salvo Fagone, Enrico Finazzer, Arturo Giusti, Björn Huber, Andrea Lombardi, Aymeric Lopez, Marco Lucchetti, Gabriele Malavoglia, Luigi Manes, Giovanni Maressi, Francesco Mattesini, Daniele Notaro, Péter Mujzer, Federico Peirani, Alberto Peruffo, Maurizio Raggi, Andrea Alberto Tallillo, Antonio Tallillo, Roberto Vela, Massimo Zorza.

PUBLISHED BY
Luca Cristini Editore (Soldiershop), via Orio, 35/4 - 24050 Zanica (BG) ITALY.

DISTRIBUTION BY
Soldiershop - www.soldiershop.com, Amazon, Ingram Spark, Berliner Zinnfigurem (D), LaFeltrinelli, Mondadori, Libera Editorial (Spain), Google book (eBook), Kobo, (eBoook), Apple Book (eBook).

PUBLISHING'S NOTES
None of unpublished images or text of our book may be reproduced in any format without the expressed written permission of Luca Cristini Editore (already Soldiershop.com) when not indicate as marked with license creative commons 3.0 or 4.0. Luca Cristini Editore has made every reasonable effort to locate, contact and acknowledge rights holders and to correctly apply terms and conditions to Content. Every effort has been made to trace the copyright of all the photographs. If there are unintentional omissions, please contact the publisher in writing at: info@soldiershop.com, who will correct all subsequent editions.

LICENSES COMMONS
This book may utilize part of material marked with license creative commons 3.0 or 4.0 (CC BY 4.0), (CC BY-ND 4.0), (CC BY-SA 4.0) or (CC0 1.0). We give appropriate attribution credit and indicate if change were made in the acknowledgments field. Our WTW books series utilize only fonts licensed under the SIL Open Font License or other free use license.

CONTRIBUTORS OF THIS VOLUME & ACKNOWLEDGEMENTS
Ringraziamo i principali collaboratori di questo numero: I profili dei carri sono tutti dell'autore. Le colorazioni delle foto sono di Anna Cristini. Ringraziamenti particolari a istituzioni nazionali e/o private quali: Stato Maggiore dell'esercito, Archivio di Stato, Bundesarchiv, Nara, Library of Congress, Wikipedia, USAF, Signal magazine, Cronache di guerra, Fronte di guerra, IWM, Australian War Museum, ecc. A P.Crippa, A.Lopez, Péter Mujzer, L.Manes, C.Cucut, archivi Tallillo. Model Victoria (www.modelvictoria.it) ecc. per avere messo a disposizione immagini o altro dei loro archivi.

For a complete list of Soldiershop titles, or for every information please contact us on our website: www.soldiershop.com or www.cristinieditore.com. E-mail: info@soldiershop.com. Keep up to date on Facebook https://www.facebook.com/soldiershop.publishing

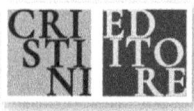

Titolo: **TANKETTE TK/TKS** Code.: **TWE-026 IT**
Collana curata da L. S. Cristini
ISBN code: 979-12-5589-1284 Prima edizione giugno 2024
THE WEAPONS ENCYCLOPAEDIA (SOLDIERSHOP) is a trademark of Luca Cristini Editore

THE WEAPONS ENCYCLOPÆDIA
TANK AIRCRAFT AFV SHIP ARTILLERY VEHICLES SECRET WEAPON

TANKETTE TK/TKS
GLI SCARAFAGGI BLINDATI DELLA POLONIA

LUCA STEFANO CRISTINI E PÉTER MUJZER

BOOK SERIES FOR MODELLERS & COLLECTORS

INDICE

Introduzione .... Pag. 5
- L'esercito polacco e la meccanizzazione tra le due guerre .... Pag. 5
- Caratteristiche tecniche .... Pag. 7
- Organizzazione delle unità .... Pag. 9
- Formazione .... Pag. 11

Le versioni dei mezzi .... Pag. 13
- Carden Loyd Mk VI .... Pag. 13
- Prototipi di tankette polacche .... Pag. 16
- Modelli di produzione .... Pag. 18
- Altre varianti sperimentali .... Pag. 19

Impiego operativo .... Pag. 23
- Tankette polacche in Ungheria .... Pag. 28
- Tankette polacche in Romania .... Pag. 36

Mimetica e segni distintivi .... Pag. 41

Scheda tecnica .... Pag. 52

Bibliografia .... Pag. 58

▲ Dalla rivista polacca NAC alcune tankette TKS del battaglione corazzato durante le cerimonie e le parate militari alla fine degli anni '30.

INTRODUZIONE

■ L'ESERCITO POLACCO E LA MECCANIZZAZIONE TRA LE DUE GUERRE

Tra le due guerre mondiali, nonostante le difficoltà finanziarie del Paese e la sua limitata capacità industriale pesante, la Repubblica di Polonia sviluppò le sue Forze Armate sulla base della dottrina militare francese. La prospettiva militare polacca fu fortemente influenzata dalla guerra polacco-sovietica, dove nel 1920, oltre alla cavalleria, i treni blindati e le autoblindo svolsero un ruolo importante nelle operazioni mobili su un'ampia area operativa. Allo scoppio della Seconda Guerra Mondiale, la leadership militare polacca continuò ad attribuire grande importanza alla cavalleria, che nel 1939 rappresentava il 10% delle forze terrestri.

Un'applicazione operativa autonoma come la forza corazzata tedesca era ben al di là delle capacità delle Forze Armate polacche, sia dal punto di vista dottrinale che finanziario e industriale. L'alto comando polacco non comprendeva il ruolo strategico e l'importanza della guerra corazzata. Nel 1939, seguendo la dottrina francese, si preparava alla difesa statica, al logoramento del nemico sul fronte occidentale. Le unità corazzate furono assegnate per sostenere le formazioni di fanteria e cavalleria e non per concentrare le unità esistenti in una vera forza d'attacco corazzata.

La prima unità corazzata, il 1° Reggimento Carri Polacchi, fu organizzata in Francia il 15 marzo 1919 con 120 carri armati leggeri Renault FT. Nell'esercito polacco, le unità corazzate, che in precedenza facevano parte della fanteria, divennero unità indipendenti nel settembre 1930, comprendendo 2-2 battaglioni di autoblindo e treni corazzati, un reggimento carri e una scuola centrale di addestramento corazzato/meccanizzato.

▲ Un carro leggero inglese Vickers Carden Loyd Mk VI, dalla cui idea si basava tutta la creazione delle tankette polacche delle serie TKS e TK3.

Secondo una valutazione tedesca pubblicata nel 1933, i principi delle truppe corazzate polacche erano andati oltre il modello francese e non volevano più utilizzare i carri armati solo a supporto della fanteria. Oltre a supportare la fanteria, il concetto polacco prevedeva l'uso di battaglioni corazzati per missioni di incursioni indipendenti a sostegno della cavalleria, della fanteria meccanizzata e dell'artiglieria. L'idea era che le unità meccanizzate avanzassero sulle strade e le unità di cavalleria sul campo.

Secondo l'Annuario militare del 1936, nel 1935 le truppe corazzate polacche erano composte da 6 battaglioni di carri armati e autoblindo e 2 battaglioni di treni corazzati, mentre la cavalleria comprendeva 40 reggimenti di cavalleria.

La Polonia compì grandi sforzi per sviluppare un'adeguata base industriale militare e nel 1939 l'esercito polacco era equipaggiato quasi esclusivamente con tankette e carri armati leggeri e autoblindo di propria progettazione, prodotti nello stabilimento PZInż (Państwowe Zakłady Inżynierii - Stabilimento di ingegneria statale). L'industria militare polacca iniziò a produrre le tankette TK, basate sulle tankette Carden-Loyd. La maggior parte dei carri armati e delle autoblindo polacche erano obsolete nel 1939, ma i carri 7TP equipaggiati con il cannone anticarro Bofors da 37 mm e le tankette TKS con il cannone Solothurn da 20 mm erano dei seri concorrenti per i carri tedeschi Pz. II-III e i carri armati Lt.35. Prima della guerra, alle Forze Armate si aggiunse anche un battaglione di 45 carri armati leggeri Renault R-35 francesi.

Le truppe corazzate consistevano in battaglioni di carri armati leggeri, battaglioni di ricognizione corazzata, compagnie indipendenti di carri armati e di ricognizione e battaglioni di treni corazzati. I battaglioni da ricognizione e le compagnie di carri da ricognizione erano collegati alle brigate di cavalleria e alle divisioni di fanteria, mentre i battaglioni di carri armati erano collegati direttamente allo Stato Maggiore.

▲ Un bell'esemplare di TKS tankette polacca, con la tipica mimetica dei primi tempi, conservata al museo dei corazzati di Kubinka.

CARATTERISTICHE TECNICHE

I primi 82 TKS erano equipaggiati con un motore Polski Fiat-122 AC a 6 cilindri, che forniva 42 CV a 2.600 giri/min e aveva una cilindrata di 2.516 cm³. Dal 83° TKS in poi, fu utilizzato il mo-tore migliorato Polski Fiat-122 BC, anch'esso a 6 cilindri, che erogava 46 CV a 2.600 giri/min con una cilindrata di 2.952 cm³. La trasmissione meccanica aveva quattro marce avanti e una retromarcia, e la sterzata veniva effettuata frenando un lato della catena. I cingoli rinforzati aumentavano la durata del veicolo in fuoristrada. Il TKS poteva guadare profondità di 50 cm e superare trincee larghe fino a 100 cm.

Per i viaggi a lunga distanza, il TKS disponeva di sottocarri aggiuntivi con pneumatici da ca-mion, che potevano essere montati rimuovendo i cingoli e collegando la ruota motrice agli assi del carrello con cinghie, trasformandolo in un carrello stradale.

La corazza del TKS forniva una protezione adeguata all'equipaggio. I primi 82 TKS avevano una corazza anteriore di 6-10 mm, laterale e posteriore di 5-8 mm, superiore di 3-6 mm e in-feriore di 4 mm. Dal 83° TKS, la corazza anteriore aumentò a 8-10 mm, laterale e posteriore a 8 mm, superiore a 3-6 mm e inferiore a 5 mm.

Un periscopio progettato da Rudolf Gundlach permetteva una visione a 360° senza che il co-mandante dovesse girare la testa. Nonostante la somiglianza con il TK-3, il TKS non condivide-va molte parti meccaniche. Il motore montato posteriormente, con una capacità di 70 litri, ga-rantiva un'autonomia di 180 chilometri e una velocità massima di 40 km/h. I cingoli erano lar-ghi 170 mm con doppia guida dentata centrale.

L'armamento includeva una mitragliatrice Browning wz. 30 da 7,92 mm (con 2.000 cartucce) su un supporto universale con mirino telescopico, con un alzo da -15° a +20° e un brandeggio di 48°. L'equipaggio di due uomini accedeva tramite due portelli superiori, con il guidatore a sinistra dotato di una feritoia

▲ L'interno davvero angusto del TKS. Il motore è ben visibile al centro della camera di combattimento, situato tra il pilota e il mitragliere.

▲ Il prototipo TK n. 6007 nella sua forma definitiva con i portelli del tetto aperti. Secondo lo standard TK-3 (in questo caso potrebbe trattarsi di un TK-2 ricostruito). Si noti l'angolo di fuoco orizzontale delle mitragliatrici e i due portelli di osservazione laterali, presenti solo nei TK-3 della prima serie.

▼ Il TKW fu un prototipo di carro armato leggero basato sul telaio del TK-3. La W del nome deriva dalla parola *wieża*, che significa torretta. Questa variante ebbe anche una seconda versione della torretta. Il prototipo non ebbe seguito e il progetto fu abbandonato.

con periscopio, e il comandante con un telescopio girevole per una visione a 360°. Sul tetto era presente un aggancio per usare la mitragliatrice come arma antiaerea.

Durante la produzione, furono apportati cambiamenti come l'installazione di una mitragliatrice Hotchkiss wz. 25 sui modelli di serie, poiché le wz. 30 erano destinate alla fanteria. Dal 54° vei-colo, il periscopio del capocarro fu montato sul tetto. Dopo i primi 83 esemplari, fu introdotto il motore Polski-Fiat 122B da 46 CV, senza modifiche alla velocità e all'autonomia. Il peso aumentò a 2.570 chilogrammi e l'ultima produzione migliorò ulteriormente la corazza tra gli 8 e i 10 mm, con 3 mm sul tetto.

ORGANIZZAZIONE DELL'UNITÀ

Battaglione carri armati leggeri

I battaglioni di carri armati leggeri avevano una reggimentazione relativamente moderna:
- compagnia di stato maggiore con 1-1 plotoni di segnalazione, mitragliatrici antiaeree, motociclette e controllo del traffico;
- 3 compagnie di carri leggeri, 16 7TP per un totale di 49 carri armati;
- 1 officina/azienda fornitrice.

Battaglione corazzato di ricognizione

- personale del battaglione e delle unità subordinate;
- 1 compagnia di autoblindo con 7 carri armati wz. 34;
- 1 compagnia di 11 cisterne TK/TKS.

Compagnia carri armati da ricognizione

Era equipaggiato con 11 tankette TKS/TK.

Brigate di cavalleria meccanizzata

Le truppe meccanizzate polacche comprendevano due brigate di cavalleria meccanizzata, riarmate dalle unità di cavalleria esistenti. Nel 1937, il Ministero della Difesa polacco approvò la creazione di una bri-

▲ Bella vista di un TKS dipinto col primo tipo di mimetica, in occasione della presentazione del mezzo alle autorità dell'Estonia interessate al mezzo polacco nel 1934.

▲ Una replica ben fatta con la tankette armata di mitragliera pesante da 20mm.

gata sperimentale meccanizzata/corazzata. Così, nel 1937-1938, fu formata la 10ª Brigata di cavalleria meccanizzata, con i reggimenti di cavalleria esistenti riarmati in reggimenti meccanizzati, mantenendo i nomi e l'organizzazione originali.

La 10ª Brigata di cavalleria meccanizzata

- 2 reggimenti di cavalleria meccanizzata (4 squadroni di cavalleria meccanizzata, 1 mitragliatrice, 1 geniere, un plotone di motociclisti e uno di cannoni anticarro ciascuno);
- 1 battaglione di ricognizione (1 squadrone di carri armati e di fucili meccanizzati, 1-1 plotoni di segnalazione, motociclette, mitragliatrici e cannoni anticarro);
- 1 battaglione motorizzato di ingegneri;
- 1 battaglione anticarro motorizzato (2 compagnie di cannoni anticarro);
- 1 battaglione di artiglieria campale motorizzata;
- 1 batteria di cannoni antiaerei motorizzati;
- 1 compagnia di carri armati leggeri;
- 1 compagnia di cisterne;
- 1 compagnia di segnalazione motorizzata;
- 1 società di fornitura motorizzata;
- 1 plotone di motociclisti per il controllo del traffico.

L'armamento della brigata consisteva in 46 mitragliatrici, quattro mortai da 81 mm, ventisette cannoni anticarro Bofors da 37 mm, quattro cannoni da 75 mm, quattro obici da 100 mm, quattro cannoni antiaerei Bofors da 40 mm, 26 tankette TK/TKS e 16 carri armati leggeri Vickers. Il parco macchine comprendeva 77 automobili, 290 camion, 57 trattori d'artiglieria e 260 motociclette.

La seconda unità, la brigata meccanizzata di Varsavia, fu organizzata solo nel giugno 1939 e non aveva ancora raggiunto la piena prontezza di combattimento allo scoppio della guerra. L'organizzazione della brigata era più o meno uguale a quella della 10ª Brigata di cavalleria meccanizzata. La sua compagnia di carri leggeri era equipaggiata con 16 carri leggeri 7TP.

Il 1° settembre 1939, i reggimenti corazzati polacchi erano composti dalle seguenti unità e veicoli da combattimento: 3 battaglioni di carri armati leggeri, 11 battaglioni corazzati da ricognizione, 19 compagnie di carri da ricognizione e 5 compagnie di carri armati leggeri. Le truppe corazzate erano composte da 377 tankette TK/TKS, 98 7TP, 49 R-35, 34 Vickers e 45 Renault FT 17 carri leggeri e 88 WZ. 29° e 34°, per un totale di 691 veicoli da combattimento. I polacchi disponevano anche di 10 treni blindati.

■ FORMAZIONE

Nel 1920 fu fondata a Varsavia la Scuola Ufficiali Corazzati e Veicoli a Motore, dove decine di ufficiali furono addestrati al combattimento e all'ingegneria dei veicoli a motore. Nel 1930 la Scuola fu sciolta e fu istituito il Centro di Addestramento Corazzato, che fu trasferito alla Fortezza di Modlin nel 1934 come Centro di Addestramento Corazzato e Veicoli Corazzati. Nei suoi quadri fu organizzato un battaglione sperimentale di carri armati, con una compagnia ciascuno di tankette e autoblindo. Dal 1927 fu istituita a Varsavia la Scuola per ufficiali di carri armati e veicoli corazzati. Gli equipaggi venivano addestrati nel campo di addestramento blindato di Biedrusk per il funzionamento dei veicoli blindati e per l'addestramento al combattimento; inizialmente veniva impartito solo un addestramento individuale. In seguito, l'addestramento fu effettuato in plotoni e, dalla metà degli anni Trenta, in formazioni di compagnie e battaglioni.

Dalla metà degli anni Trenta, lo sviluppo delle truppe corazzate e meccanizzate richiese un numero crescente di ufficiali addestrati. Il Centro di addestramento per carri armati e veicoli blindati istituì la Scuola ufficiali blindati di riserva e organizzò un corso di 9 mesi per ufficiali blindati. Le scuole per ufficiali e per ufficiali di riserva avevano un organico di 180-180 candidati ufficiali. Tra le due guerre mondiali sono stati addestrati circa 10.000 tra ufficiali, sottufficiali e arruolati.

Secondo un rapporto redatto dal comandante della 10ª Brigata di cavalleria meccanizzata dopo la sconfitta del 1939, le carenze della brigata corazzata (in realtà meccanizzata) erano: trascuratezza nella ricognizione, carenza di blindati e artiglieria, mancanza di copertura aerea, comunicazioni inaffidabili, insufficiente personale tecnico/di riparazione, copertura medica inadeguata e mancanza di veicoli fuoristrada. La Polonia fece grandi sforzi per creare un corpo corazzato, ma le unità corazzate, che aderivano alla dottrina francese ed erano equipaggiate con obsolete armature fatte in casa, furono utilizzate solo per supportare la fanteria e la cavalleria.

▲ Sfilata di armi estoni. In primo piano una tankette polacca appena acquistata, metà anni '30.

TK-2 TANKETTE PROTOTIPO, POLONIA 1930

▲ Uno dei primi prototipi realizzati a partire dal carro leggero inglese Vickers Carden Loyd Mk VI.

LE VERSIONI DEI MEZZI

■ CARDEN-LOYD MK.VI

Gli esperimenti britannici di costruzione di carri armati ebbero eco in tutto il mondo. Il "Vickers da sei tonnellate" ha dato vita a una famiglia di carri armati che hanno combattuto per diverse nazioni nella Seconda Guerra Mondiale. La storia dei tank polacchi, così come quella della maggior parte dei tank mondiali, è iniziata con due progettisti britannici: John Carden e Vivian Loyd. Negli anni 1925-1928, i due progettarono diversi veicoli leggeri da combattimento a un solo uomo e poi a due uomini. In quel periodo si diffuse l'idea di un veicolo corazzato leggero che fosse un mezzo di trasporto per uno o due soldati e una mitragliatrice. Diversi progettisti nel mondo svilupparono tali veicoli, soprannominati "tankette", perché erano più piccoli dei "veri" carri armati. Il più riuscito tra questi fu il Carden-Loyd Two Man Tankette Mark VI del 1928. Queste tankette furono prodotte in URSS (T-27), Francia, Cecoslovacchia, Giappone, Italia e Polonia. Negli ultimi due Paesi, le tankette costituivano la maggioranza dei veicoli blindati cingolati all'inizio della guerra. Il Carden-Loyd Mk.VI era armato con una mitragliatrice pesante per fanteria Vickers 7,7 mm raffreddata ad acqua, montata su un supporto a perno esterno. Il suo meccanismo di trasmissione era semplice e utilizzava alcune parti di automobili, tra cui un popolare motore di auto Ford T collocato tra i sedili dell'equipaggio. Le svolte venivano effettuate semplicemente frenando un binario. Il compartimento corazzato dell'equipaggio non aveva il tetto, anche se le coperture per la testa furono introdotte presto nei modelli da esportazione. L'Mk.VIb migliorato era più compatto, con un nuovo scafo e un compartimento di combattimento chiuso. Nel 1929 iniziò la produzione di massa in Gran Bretagna e la Polonia acquistò un'unità per le prove.

Poiché il tankette Carden-Loyd Mk.VI fu ampiamente pubblicizzato in tutto il mondo, anche per un utilizzo come trattore corazzato, porta mortai o porta cannoni, ebbe un grande successo commerciale, come per il suo periodo. Un vantaggio delle tankette era il loro basso prezzo, quindi erano ideali per la

▲ Tankette TKS esposta al museo dell'esercito polacco.

creazione e l'addestramento di forze corazzate. D'altra parte, come dimostrò il futuro, avevano tutti uno scarso valore di combattimento e non potevano essere un'alternativa più economica dei carri armati sul campo di battaglia. A parte l'esercito britannico, che utilizzò 348 tankette Carden-Loyd in diverse varianti, per lo più più porta mitragliatrici, furono venduti ad almeno 16 Paesi, ma in numero ridotto. Sei Paesi acquistarono i diritti di produzione, ma nessuno produsse il modello originale in quantità significative. Invece, alcuni Paesi svilupparono derivati migliorati o tankette proprie, influenzati dalla Carden-Loyd. La prima è stata l'URSS, dove nel 1931-1934 sono stati prodotti 3297 tankette T-27 su licenza, molto migliorati. Gli italiani costruirono prima 21 tankette su licenza CV-29, poi iniziarono la produzione di massa di un progetto indigeno CV-33 / CV-35, ispirato a Carden-Loyd (l'Italia si trovò in una situazione simile a quella della Polonia, con divisioni corazzate composte per lo più da tankette, che dimostrarono scarso valore in combattimento nella guerra civile spagnola e poi in Africa). Anche la Cecoslovacchia sviluppò un derivato migliorato del tančik vz.33 (nome che significa "piccolo carro armato", 70 esemplari costruiti), e un prototipo simile Skoda MU-4. Tra questi Paesi c'era anche la Polonia.

■ CARDEN-LOYD IN POLONIA

Il Carden-Loyd Mk.VI incontrò fin dall'inizio l'interesse della Polonia. Già nel 1929 una tankette fu portata e valutata in Polonia. La prima esibizione sul campo di Rembertow ebbe luogo il 20 giugno 1929. Le prime prove ebbero successo e si decise di acquistare 10 tankette Mk.VI e 5 rimorchi cingolati. Furono consegnate nell'agosto del 1929 con i numeri di immatricolazione: 1143-1152. Dopo le manovre divisionali del settembre 1929, si valutò che le tankette soddisfacevano bene le esigenze di un veicolo da ricognizione sia per la fanteria che per la cavalleria. I loro vantaggi erano: mobilità, buon attraversamento degli ostacoli e dimensioni ridotte, che li rendevano difficili da individuare. Si stimava che fossero più adatti come veicoli da ricognizione per la cavalleria rispetto alle autoblindo halftrack wz.28 di recente acquisizione. Di conseguenza, le autorità polacche decisero di acquistare una licenza per la produzione di Carden-Loyd Mk.VI.

▲ Vista frontale del mezzo semovente ricavato dalla tankette.

TK-3 TANKETTE, POLONIA 1936

▲ TK-3 tankette del 6° Battaglione armato a Lwów, Polonia, 3 maggio 1936.

Una valutazione dettagliata ha però rivelato i difetti della tankette Carden-Loyd. Innanzitutto, le sue sospensioni non molleggiavano bene e la guida non era confortevole, per cui i viaggi più lunghi erano faticosi per l'equipaggio, soprattutto in fuoristrada. Di conseguenza, le sospensioni di due autocisterne furono modificate nelle officine della 1a Unità Auto, secondo il progetto del tenente Stanisław Marczewski. Il miglioramento principale consisteva nell'aggiunta di una molla a balestra semiellittica tra lo scafo e i carrelli della sospensione e nel fissaggio dei carrelli a questa molla, invece che al telaio della sospensione. Furono aggiunti anche dei rulli di ritorno. La nuova sospensione migliorò notevolmente il comfort di marcia e fu il progetto di maggior successo utilizzato nelle tankette influenzate da Carden-Loyd. Tuttavia, invece di produrre la Carden-Loyd Mk.VI, le autorità polacche decisero di lavorare a un proprio modello migliorato, basandosi solo in generale sulla composizione della Carden-Loyd. Probabilmente solo due Mark VI furono prodotti in Polonia, in ferro dolce. Le tankette Carden-Loyd (CL) furono poi assegnate al Gruppo Sperimentale Motorizzato. Negli anni successivi furono utilizzate per le manovre e per l'addestramento. Il loro destino finale non è noto, probabilmente alcune furono spezzate in parti.

■ PROTOTIPI DI TANKETTE POLACCHE

Il compito di progettare la tankette polacca fu assegnato all'Ufficio Costruzione Armi Corazzate dell'Istituto di Ricerca del Genio dell'Esercito (BK Br.Panc. WIBI) di Varsavia. I progettisti principali furono il Magg. Władysław Trzeciak e il Cpt. Edward Karkoz, con la collaborazione di Edward Habich. Il nuovo progetto fu elaborato in due varianti, che si differenziavano per la disposizione delle sospensioni e degli ingranaggi di trasmissione. Nel 1930, lo Stabilimento Tecnico Statale (PZInż.) di Varsavia costruì due prototipi: TK-1 con ruote dentate posteriori e TK-2 con ruote dentate anteriori. In linea di massima, la loro composizione ricalcava quella del Carden-Loyd, ma si trattava di progetti completamente nuovi, più compatti e di forma diversa. Le sospensioni erano simili a quelle della Carden-Loyd, modificate da S. Marczewski. I cingoli erano modificati e rinforzati, realizzati in acciaio al manganese. Il TK-2 aveva un motore Ford T (come il Carden-Loyd), il TK-1 un motore Ford A più recente. A differenza del Car-

▲ Una delle versioni più interessanti praticate sulla tankette polacca fu la versione semovente TKD.

TKS TANKETTE, POLONIA (UNGHERIA PER INCORPORAZIONE) 1939

▲ TKS (20 mm) mezzo da ricognizione della 101a compagnia ricognizione della 10a brigata di cavalleria motorizzata. Ungheria, ottobre 1939.

den-Loyd, entrambi erano dotati di avviamento elettrico. Entrambi i veicoli avevano un compartimento aperto per l'equipaggio ed erano armati con una mitragliatrice Hotchkiss wz.25 da 7,92 mm raffreddata ad aria. Per quanto riguarda il nome del tankette polacco, non esiste un'opinione univoca sulle sue origini. TK può indicare i cognomi dei progettisti che lavorarono al progetto, Tszeczak e Karkoza, le iniziali del tenente colonnello Tadeusz Kossakowski, del dipartimento di ingegneria dell'esercito polacco, o semplicemente un'abbreviazione della parola "tankette".

Il prototipo TK-1 portava il numero di registrazione 6006, il TK-2 probabilmente 6007 e un altro prototipo TK-3 probabilmente 6008. Inoltre, il 20 marzo 1930 furono ordinati due prototipi TK, copie su licenza del Carden-Loyd costruite in ferro dolce e completate il 17 maggio 1930.

Nell'agosto-settembre 1930 entrambi i prototipi TK parteciparono alle manovre divisionali, insieme alle tankette Carden-Loyd. Dopo le prove, l'ufficio costruzioni ricevette l'ordine di migliorare ulteriormente il progetto. Fu dotato di un compartimento di combattimento completamente chiuso e gli fu data una designazione militare: "carro armato veloce TK wz.31". Entrambi i prototipi furono inviati alla fabbrica per essere ricostruiti con compartimenti chiusi. Fu ordinato anche il terzo prototipo migliorato, denominato TK-3, con un compartimento chiuso e una sospensione modificata con ruote dentate anteriori. I prototipi migliorati e il TK-3 furono completati nel marzo 1931. Probabilmente il TK-2 fu completamente ricostruito secondo gli standard del TK-3, con sospensioni migliorate. Dopo le prove, i prototipi TK-2 e TK-3 furono conservati nella fabbrica di PZInż come modello di produzione.

■ MODELLI DI PRODUZIONE

TK-3 (TK) TANKETTE

Il 14 luglio 1931, il Capo di Stato Maggiore accettò il prototipo TK-3 e ordinò il primo lotto di 100 carri armati, come carro armato leggero da ricognizione TK-3 (noto anche semplicemente come TK). La prima serie informativa di 15 carri armati (numeri 1154-1168) fu costruita con piastre di ferro dolce invece che con piastre corazzate. Furono completati nell'agosto del 1931 e appena a settembre furono inviati alle manovre divisionali. Questi cosiddetti carri armati "di ferro" non erano adatti al combattimento e furono in seguito utilizzati per l'addestramento e la conversione ad altri progetti. Le restanti 85 tankette furono realizzate in piastre corazzate e completate entro il maggio 1932. Il secondo lotto di 100 tankette fu costruito entro l'agosto del 1932 - entrambe erano numerate 1169-1353. L'ultima serie di 100 tankette era numerata 1362-1461. In totale furono costruite 300 tankette TK-3, tra cui 15 tankette "di ferro". Questo numero comprende probabilmente anche le tankette TKF.

TKF TANKETTE

Poiché il TK-3 era dotato di un motore Ford A importato, si decise di sostituirlo con un motore Polski FIAT-122BC, costruito su licenza in Polonia. Fu montato per la prima volta in via sperimentale sul TK-3 n. 1221 alla fine del 1931 o nel 1932. Nel 1933 fu prodotta una piccola serie di tankette con motori FIAT, designate TKF ("F" per FIAT), ma il loro numero non è noto con esattezza - da 18 a 22. Le informazioni su questi veicoli non sono chiare. Sembra che fossero inclusi nell'ultima serie di TK-3 ordinata. La produzione di TKF fu interrotta, perché fu sviluppato un modello TKS migliorato. Probabilmente a partire dal 1935 furono modernizzati utilizzando parti delle sospensioni TKS e cingoli più larghi, in modo da avere una migliore trazione e sospensioni più robuste e affidabili. Le differenze più significative erano: una sospensione a ruota folle e una forma del connettore del telaio anteriore. A parte questo, il TKF non differiva esternamente dal TK-3. Fu presa in considerazione una modifica di tutti i TK-3 allo standard TKF, ma fu abbandonata a causa dei costi.

TANKETTE TKS

Nel 1933 iniziarono i lavori per un modello di tankette migliorato. Il progettista principale divenne Edward Habich (dopo la morte del Maggiore Trzeciak). Il nuovo modello era generalmente basato sul progetto del TK-3, ma solo poche parti rimasero intercambiabili. Innanzitutto, fu cambiata la forma dello scafo e la corazza fu resa un po' più spessa per aumentare la protezione contro i proiettili e per offrire al pilota una migliore visuale. Il motore Ford A fu sostituito con il Polski FIAT-122, con un nuovo ingranaggio di trasmissione. Le sospensioni furono rinforzate e i cingoli furono resi più larghi di 3 cm per migliorare la trazione. La mitragliatrice fu montata su un attacco a sfera universale con mirino telescopico. Nel corso della produzione, un miglioramento significativo fu un moderno periscopio reversibile per il comandante, che consentiva l'osservazione a 360°. Si trattava di un'invenzione polacca di Rudolf Gundla, poi venduta alla società Vickers-Armstrong e resa popolare nel mondo come Tank Periscope Mk.IV. Il pilota era dotato di un semplice periscopio nella sua visuale. Il prototipo TKS fu convertito da uno dei TK-3 "di ferro", il n. 1160, e completato il 1° aprile 1933. Il carro armato fu dapprima designato STK ("special TK"), infine TKS, nei documenti scritto anche come TKS. Fu anche ufficialmente designato come "carro armato veloce wz.33", ma le denominazioni "wz..." non sono mai state utilizzate per i TK e i TKS di serie in nessuna fonte, e l'esercito li riconobbe solo come TK-3 e TKS.

Dopo il successo delle prove sui prototipi, nell'agosto 1933 la PZInż produsse 20 tankette di pre-serie TKS, realizzate in ferro dolce (nn. 1492-1511). Dopo piccoli miglioramenti, il carro armato fu accettato per la produzione in serie il 22 febbraio 1934. Il prototipo era inizialmente armato con una mitragliatrice raffreddata ad acqua wz.30 raffreddata ad acqua, ma nei carri armati di serie fu sostituita con la mitragliatrice standard wz.25 raffreddata ad aria, nonostante la migliore affidabilità della wz.30.

A partire dal 54° carro armato di serie, il periscopio Gundlach fu montato sul tetto, il che richiese l'abbassamento di una marmitta per ottenere un campo visivo chiaro verso il retro.

La prima serie di 83 carri armati fu completata nel giugno 1934. A partire dall'83° carro armato, il motore Polski FIAT-122AC da 42 CV fu sostituito dal Polski FIAT-122BC da 46 CV. Nell'ultima serie, lo spessore della corazza aumentò leggermente. Complessivamente, fino all'aprile 1937 furono prodotti 282 tankette TKS, tra cui 20 tankette "di ferro" (numeri di serie: 1-262, numeri di immatricolazione: 1492-1594, 1597-1682, 1702-1764, 1799-1814 e alcune tra le 8890-8910). Sembra che altre 10 tankette siano state prodotte con i fondi dei lavoratori del PZInż e consegnate all'esercito il 15 maggio 1938.

TANKETTE CON CANNONE DA 20 MM

Ci furono diverse idee per riarmare le tankette con armi più potenti. Poiché era ovvio che i carri armati di mitragliatrici non potevano combattere contro i veicoli corazzati, fu proposto di armare alcuni di essi con un cannone. Nel 1931 fu proposto di utilizzare la mitragliatrice pesante Hotchkiss da 13,2 mm. Furono studiate varianti con cannoni da 37 e persino da 45 mm. Nel 1935-36, il fucile anticarro pesante Solothurn S-18-100 da 20 mm (utilizzato come armamento primario sul carro armato Toldicarro armato) fu testato su un tankette TKS. Le prove dimostrarono che poteva essere utile installare un'arma di questo calibro, ma l'idea fu scartata perché il fucile poteva sparare solo colpi singoli. Dopo aver testato diversi modelli di autocannoni Oerlikon, Solothurn e Madsen, nell'agosto del 1939 si decise di riarmare 80 TKS e 70 TK-3 con i cannoni da 20 mm wz.38 modello A di recente progettazione.

Prima della guerra furono prodotti solo 50 cannoni, e ancora meno furono quelli effettivamente installati sulle tankette: tra 20 e 24. Era previsto anche il riarmo delle tankette TK con cannoni, il che richiedeva l'aggiunta di una sovrastruttura anteriore che le rendesse simili alle TKS. Era previsto il riarmo di 16 tankette TK entro il 25 agosto 1939, ma non ci sono prove che siano state completate prima dello scoppio della guerra.

Grazie alla combinazione di dimensioni ridotte, buona mobilità e armamento migliorato, queste tankette TKS e TK-3 erano tra i più utili della flotta di carri armati polacchi.

■ VARIANTI SPERIMENTALI E ULTERIORI SVILUPPI

Dal TK e dal TKS furono sviluppati diversi veicoli. A parte il trattore C2P, non sono entrati in produzione: Qualsiasi storia sulle tankette polacche dovrebbe menzionare i veicoli sperimentali sul loro telaio. Alla fine del 1932 o all'inizio del 1933, fu costruita una versione sperimentale TKW (W per wieża, torretta) turrita della tankette. Furono provate sia le mitragliatrici raffreddate ad aria che quelle raffreddate ad acqua. Gli esperimenti con questo mini-carro dimostrarono che era estremamente angusto, aveva un flusso d'aria terribile e una cattiva visibilità. Il centro di gravità era troppo alto e il lato destro era sovraccarico, il che poteva portare al ribaltamento. La cabina blindata del conducente limitava la rotazione della torretta a un arco di 306 gradi.

Il cannone semovente TKD fu costruito sul telaio del TK-3 nel 1932, armato con un cannone Vickers QF a canna corta da 47 mm. Gli SPG erano destinati all'appoggio anticarro e all'artiglieria delle unità di cavalleria. Le esercitazioni dell'estate del 1933 dimostrarono che non c'erano problemi con le sospensioni, ma il debole cannone era inadeguato alle esigenze dell'esercito polacco. Un veicolo sperimentale TKS-D era armato con un cannone Bofors da 37 mm. Il concetto era unico: la tankette fungeva da trattore per un cannone anticarro, che poteva essere rimosso dal suo supporto e installato nella tankette, se necessario, trasformando il trattore in un distruttore di carri armati in miniatura.

Un altro progetto interessante fu la ripresa polacca del concetto di guida convertibile, popolare negli anni Trenta. Fu progettato uno speciale telaio a ruote per tankette sul telaio del camion Ursus A. Dopo aver percorso una rampa, le ruote motrici si collegavano all'asse posteriore con catene e i comandi erano collegati alle ruote anteriori. Le tankette assunsero la forma di autoblindo pesanti, anche se la mancanza di torretta fece sì che questa soluzione fosse di dubbia utilità in combattimento.

· TKW - Tankette TK con torretta rotante (1 prototipo);
· TKS-B - Tankette TKS con un telaio migliorato e una trasmissione con frizioni laterali (1 prototipo);
· TKD - cannone semovente per fanteria da 47 mm wz.25 Pocisk (4 veicoli sperimentali);
· Distruttore di carri armati TKS-D - cannone semovente anticarro Bofors da 37 mm wz.36 (2 prototipi);
· C2P - trattore per artiglieria leggera (produzione di serie).

Esistevano anche alcuni equipaggiamenti speciali sviluppati per le tankette e utilizzati nelle unità tankette: un rimorchio universale cingolato, un rimorchio radio, un telaio su ruote per il trasporto con mezzi propri ("autotrasporto") e un telaio su rotaia per l'utilizzo nei treni blindati.

▲ Carristi polacchi intenti a riparare qualcosa nella zona dei cingoli ruote motrici del loro mezzo.

TK-3 TANKETTE, POLONIA 1939

▲ Carro da ricognizione TK-3 dell'81° battaglione corazzato della brigata di cavalleria della Pomerania, Polonia, settembre 1939.

▲ TKS di ultima produzione nella nuova mimetica (variante tardiva), alla celebrazione degli operai dello stabilimento Ursus nel 1938.

▼ Diverse tankette polacche TK-3 impegnate nei test militari e gli esercizi di campo nel 1938.

IMPIEGO OPERATIVO

I carri armati TK-3, TKF e TKS erano la spina dorsale delle forze corazzate polacche prima della Seconda Guerra Mondiale: 600 unità formavano un esercito potente sulla carta, anche se, in realtà, non potevano sostituire adeguatamente i "veri" carri armati. Tuttavia, vantaggi come le dimensioni ridotte e la buona mobilità consentivano loro di effettuare ricognizioni o di combattere dalle imboscate. In assenza di altri mezzi corazzati, potevano svolgere il ruolo di carri armati di supporto alla fanteria; la loro sola presenza a volte risollevava il morale della fanteria polacca e influiva negativamente sui tedeschi, che non si aspettavano di incontrare i mezzi corazzati polacchi.

Il 9 settembre 1939 ebbe inizio una delle prime grandi battaglie della Seconda Guerra Mondiale: la battaglia della Bzura. Le armate polacche di Poznan e Pomorze, in ritirata verso est dal saliente di Poznan, finirono nelle retrovie del Gruppo d'armate Sud tedesco, che puntava verso Varsavia. Muovendosi di notte, i polacchi raggiunsero segretamente il fiume Bzura e sferrarono un potente colpo contro il fianco sinistro dell'8ª Armata tedesca. L'offensiva a sud-est liberò molte città e costrinse i tedeschi a rivedere i loro piani nella Polonia centrale, spostando ulteriori unità di carri armati e aerei verso Bzura. La situazione era così critica per i tedeschi che il 17 settembre la Luftwaffe annullò tutte le sortite tranne quelle nella regione di Bzura. Tuttavia, le armate di Poznan e Pomorze non riuscirono a cambiare il corso generale degli eventi; i tedeschi erano a Lvov il 12 settembre e completarono l'accerchiamento di Varsavia il 14 settembre.

Tra le altre unità, la Brigata di cavalleria della Grande Polonia faceva parte dell'esercito di Poznan, che a sua volta conteneva il 71° Battaglione corazzato. Delle tre compagnie di questa unità, formate poco prima della guerra (24-27 agosto), solo una era equipaggiata con veicoli che sarebbero stati definiti carri armati: si trattava di 13 tankette TKS (e forse TK-3) armate con mitragliatrici, quattro delle quali riarmate con autocannoni da 20 mm wz. 38 modello A, classificati dai polacchi come "mitragliatrici superpesanti". Uno di questi carri "pesantemente" armati finì sotto il comando di un comandante di plotone, il sergente

▲ Tankette polacche prendono parte all'occupazione polacca della Cecoslovacchia 1938. Quando i tedeschi fecero partire la crisi dei sudeti, anche le nazioni confinanti della Cecoslovacchia ne approfittarono, fra questi i polacchi.

Roman Edmund Orlik, studente dell'Università Politecnica di Varsavia, arruolato il 26 agosto. Il secondo membro dell'equipaggio era il pilota, Bronisław Zakrzewski.

Durante la Battaglia della Bzura, la Brigata di cavalleria della Grande Polonia combatté ferocemente contro la 4ª Divisione carri del 16° Corpo motorizzato della 10ª Armata. Il 14 settembre, la brigata attaccò a Brochów. In questa battaglia, Orlik distrusse 3 carri armati del 36° reggimento carri. Probabilmente si trattava di carri armati PzI e PzII, che costituivano la maggior parte dei carri armati della 4ª divisione.

Il 18 settembre, la Brigata di cavalleria della Grande Polonia, ora parte del Gruppo operativo di cavalleria, formata per liberare la strada verso Varsavia per il resto degli elementi dell'esercito di Poznan che erano stati accerchiati dai tedeschi, stava combattendo vicino al Parco Kampinoski, a ovest della capitale. Il plotone di Orlik (nelle fonti polacche, un mezzo plotone, półpluton), la sua tankette e altri due carri armati di mitragliatrici furono inviati in avanscoperta. Sentendo il rumore dei motori dei carri armati davanti a sé, il sergente ordinò alle tankette armate di mitragliatrice di nascondersi e mise la propria tankette in un'imboscata.

Una colonna di tre carri armati e diverse auto della 1ª Divisione leggera tedesca stava percorrendo la strada. Aprendo il fuoco all'improvviso, Orlik mise fuori uso il carro armato anteriore con un colpo al fianco, costringendo il resto dei veicoli ad addentrarsi nella foresta per fare il giro. Cambiando posizione, Orlik distrusse gli altri due carri armati. Il resto della colonna fuggì e il suo plotone lasciò la battaglia senza perdite.

Diverse fonti sostengono che i carri armati da lui distrutti fossero PzKpfw 35(t) cechi, poiché erano i più comuni nella 1a Divisione Leggera, ma uno dei carri armati era probabilmente un PzIV. La divisione aveva diversi carri armati di questo tipo e ne perse 9 tra il 1° e il 25 settembre. Wiktor IV Albrecht von Ratibor fu tra i feriti più gravi di questa battaglia e in seguito morì. Diverse fonti affermano che egli comandava un equipaggio di PzIV ed esiste anche una fotografia del suo carro armato distrutto.

Il 19 settembre, Orlik partecipò alla battaglia per Sieraków, dove alcune decine di carri armati dell'11°

▲ L'immagine della disfatta. Un soldato tedesco si attarda ad osservare i danni inflitti a questa tankette dotata di mitragliera da 20 mm. Notare il nastro dei cingoli che fuoriesce dal tetto del mezzo.

TKS 20 mm TANKETTE, POLONIA 1939

▲ Carro da ricognizione TKS (20 mm) della brigata motorizzata di Varsavia, Polonia, settembre 1939.

▲ Fila di tankette polacche catturate (e poi riutilizzate) dai tedeschi durante la Blitzkrieg.
▼ Vista posteriore di un TDK semovemente mimetizzato con fogliame durante le operazioni nel 1939.

TK-3 TANKETTE, POLONIA 1939

▲ TK-3 con primo tipo di mimetizzazione. Polonia 1939.

Reggimento carri tedesco e del 65° Battaglione carri attaccarono il 7° Reggimento fucilieri montati e il 9° Reggimento lancieri polacchi. Più di 20 carri armati tedeschi furono distrutti dai carristi polacchi e dai cannoni trainati del 7° squadrone di artiglieria trainata, 7 dei quali furono rivendicati da Orlik. Catturò anche due carristi tedeschi prigionieri. In seguito, Orlik riuscì a guidare il suo carro armato fino a Varsavia, a partecipare alla sua difesa e a unirsi alla resistenza polacca dopo la sua caduta. Sopravvisse alla guerra e lavorò come architetto.

Tenendo conto del suo veicolo, i suoi risultati (13 carri armati abbattuti o distrutti in meno di una settimana) sono piuttosto sorprendenti. La piccola tankette TKS, poco corazzata e poco armata, non sembrava affatto un minaccioso distruttore di carri armati. Tuttavia, la pratica ha dimostrato che poteva essere un'arma letale nelle mani giuste. Dato che Orlik divenne un carrista alcuni giorni prima della guerra, non gli fu difficile padroneggiarla. Un ufficiale tedesco catturato disse: "È difficile colpire un piccolo scarafaggio con una pistola".

TANKETTE POLACCHE IN UNGHERIA

A causa dell'attacco tedesco e successivamente sovietico, i rifugiati e le truppe polacche iniziarono a rifugiarsi in Ungheria a partire dalla metà di settembre.

Al comandante della 10th Brigata di cavalleria motorizzata, il colonnello Maczek, fu ordinato di ritirarsi da Stanislawów in territorio ungherese. La 10th Brigata di Cavalleria passò il confine il 19 settembre 1939 al passo di Tatár (Tatarow), le truppe si riunirono in territorio ungherese a Rahó (Racho) e Bustyánháza (Busti Haza). La Brigata di cavalleria motorizzata bivacca a Rahó (Racho) il 20 settembre. La Brigata partecipò a pesanti combattimenti contro i tedeschi. Perse il 10% degli uomini e il 30% degli ufficiali, ma riuscì a salvare la maggior parte dell'equipaggiamento. Attraversarono il confine con 651 veicoli a motore, secondo altre fonti erano 874. La 101st Reconnaissance Tank Company portò in Ungheria 12-15 tankette TK/TKS.

▲ Dopo il repentino crollo a seguito dell'invasione tedesca nel 1939, alcune truppe polacche si ritirarono in Ungheria coi loro mezzi che poi finiranno confiscati dall'esercito ungherese.

TK-3 TANKETTE, POLONIA 1939

▲ Carro TK-3 di una unità non identificata. Polonia 1939.

▲▼ Dopo la pesante disfatta, moltissimi mezzi finirono nelle mani dei vincitori: sopra si possono vedere tankette e diversi cannoni. La foto sotto, più emblematica, spiega semplicemente il divario dell'armamento tedesco e quello polacco, con la piccola tankette con alle spalle un Panzer II e IV.

TK-3 SCOUT TANKETTE, POLONIA 1939

▲ L'esercito polacco aveva circa 300 TK-3 nel settembre 1939. A quel tempo i TK-3 erano già assai superati. Furono comunque utilizzati in prima linea.

Lo status del personale militare polacco fu chiaro fin dall'inizio sulla base del diritto internazionale: non erano prigionieri di guerra, poiché Ungheria e Polonia non erano in guerra. Si trattava di militari internati, una categoria diversa, a cui si applicavano regole molto più permissive rispetto a quelle dei prigionieri di guerra. Tuttavia, l'equipaggiamento era una storia diversa. I documenti sono frammentati a causa della perdita degli archivi ungheresi, distrutti alla fine della Seconda Guerra Mondiale. Ma fin dall'inizio fu chiaro che l'esercito ungherese voleva appropriarsi e utilizzare innanzitutto i veicoli militari polacchi. Il Capo di Stato Maggiore diede linee guida per la raccolta, la valutazione, la riparazione e la distribuzione dei veicoli di origine polacca. Secondo un rapporto del gennaio 1940, l'esercito ungherese disponeva di 16 tankette TK/TKS e di 3 carri armati medi Renault R-35 (secondo i documenti ungheresi) di provenienza ex-polacca. Anche un'autoblindo è menzionata nei registri, ma non sono disponibili ulteriori informazioni; probabilmente si trattava di un'autovettura della Prima Guerra Mondiale, di cui si è scritto all'arrivo.

I veicoli corazzati, a causa del loro numero ridotto, furono utilizzati come veicoli da addestramento. I veicoli polacchi e cechi furono distribuiti tra i battaglioni di ricognizione e di cavalleria corazzata. Secondo le istruzioni del Capo di Stato Maggiore dell'Esercito, i carri armati cechi e polacchi catturati furono utilizzati per l'addestramento corazzato di base presso i battaglioni, per salvare i carri armati leggeri Toldi, le autoblindo Ansaldo e le autoblindo Csaba dall'equipaggio inesperto.

Alla fine del 1939, i tanket polacchi TK/TKS furono dapprima raggruppati nei battaglioni di ricognizione e cavalleria corazzata, poi, nel 1940, furono distribuiti anche tra i battaglioni ciclisti. Ogni battaglione ciclisti aveva un plotone di tankette con sei tankette FIAT Ansaldo 35M.

In base a un rapporto del 1st Battaglione di Ricognizione, datato 15 aprile 1940, al plotone di manutenzione del Battaglione giunsero complessivamente 13 tankette polacche riparabili e 5 fuori uso. I veicoli fuori uso furono utilizzati per fornire pezzi di ricambio a quelli riparabili. Il 1st Battaglione di Ricognizione richiese anche nove nuove batterie per le tankette, dato che ne erano arrivate solo quattro. Secondo un'altra lettera della 1st Brigata motorizzata, hanno ricevuto 14 tankette TK/TKS per metterle in servizio e non 16, numero citato in un altro rapporto. La brigata ha riferito di avere 14 tankette, di cui una inser-

▲ Una tankette catturata e sottoposta a test da parte di ufficiali della Wehrmacht.

▲ TKS Tankette polacca vista fronte e retro

▲ Altre tankette finite in mano germaniche riadattate all'uso e ricolorate in feld grau con l'aggiunta delle croci bianche tedesche. Settembre 1939, a Ruda Pabianicka (oggi quartiere di Łódź).

▼ Sfilata di TKS tankette della compagnia leggera Panzer East a Varsavia dopo il conflitto polacco.

TK-3 TANKETTE, POLONIA 1939

▲ Carro da ricognizione TK-3 del 51° Battaglione corazzato, Polonia, 1939.

vibile, e ha proposto di distribuire i veicoli corazzati come segue: 1st Battaglione di ricognizione quattro, 2nd Battaglioni di ricognizione, 1st e 2nd Battaglioni di cavalleria corazzata tre - tre tankette ex-polacche, l'unica inservibile andò al Deposito Automobilistico Militare il 7 maggio 1940.

Le tankette TK/TKS con le targhe: wz-02552, wz-01089, wz-02754, 0z-03586 originali hanno prestato servizio presso il 1st Battaglione di Ricognizione. Le tankette TK/TKS di wz-02246, wz-03368 e wz-13362 erano al 2nd Battaglione di Ricognizione. Il 1st Battaglione di Cavalleria Corazzata aveva le tankette TK/TKS di wz-02738, wz-03292 e wz-04107. Il 2nd Battaglione di Cavalleria Corazzata aveva i carri armati wz-03893, wz-01768, wz- 03923. Il TK/TKS, wz-02470, si trovava presso il Deposito Automobilistico dell'Esercito Ungherese a Mátyásföld per essere valutato.

Nel 1941 le tankette TK/TKS wz-02552 prestarono servizio presso il 1st Battaglione di Ricognizione, la wz-01089 era presso il 10th Battaglione Ciclistico, la wz-02754 era presso il 12th Battaglione Ciclistico e la wz-03586 servì presso il 13th Battaglione Ciclistico.

Il tankette TK/TKS, wz-02246 servì al 2nd Reconnaissance, il wz-03368 era al 14th Bicycle, il wz-13362 servì al 15th Bicycle battalions. Il wz-02738 era al 1st battaglione di cavalleria corazzata, il wz-03292 era inviato al 2nd cavalleria corazzata, il wz-04107 era inviato al 16th battaglione di biciclette.

I carri armati wz-03893, wz-01768 e wz-03923 rimasero con la 2nd Cavalleria Corazzata, così come il wz-02470 al Deposito Automobili di Mátyásföld.

Una delle tankette TK apparteneva al 1° Battaglione di cavalleria a Zenta dal 1942. Fu catturato dai partigiani jugoslavi quando gli ungheresi si ritirarono da Zenta e lasciarono la tankette inservibile. Attualmente, questo carro armato TK è esposto a Belgrado.

TANKETTE POLACCHE IN ROMANIA

Prima della guerra, Romania e Polonia avevano stretto un'alleanza militare contro la prevista offensiva dell'Unione Sovietica. In caso di attacco di una nazione alleata, l'altra doveva fornire supporto militare all'altra nazione contro l'assalto delle forze rosse. Tuttavia, dopo il 17 settembre, per la leadership poli-

▲ Rara e famosa foto con colori originali di un TK-3 polacco fatta da Hugo Jaeger. La tankette porta ancora le insegne originali con il famoso braccio armato di spada. Nella foto piccola: tankette in uso da personale Lutfwaffe.

tica e militare polacca fu chiaro che il sostegno militare rumeno non avrebbe potuto ribaltare la marea rossa e salvare la Polonia. La Romania fu ufficialmente svincolata dagli obblighi dell'alleanza militare polacco-rumena. In cambio le autorità rumene aiutarono le forze polacche in ritirata nella cosiddetta "testa di ponte rumena". Le truppe polacche in ritirata attraversarono il confine con le loro armi ed equipaggiamenti, che furono confiscati e utilizzati dalle Forze Armate rumene. Secondo le informazioni, oltre a un battaglione di carri armati R-35, anche i tank polacchi TK/TKS hanno raggiunto la Romania, probabilmente per addestramento.

▲ Colonna tedesca fronte est 1941. In primo piano il semovente TKD. Nelle foto piccole: a sinsitra tankette in colore feld grau TKF, essenzialmente una TK-3 con un motore nuovo. A destra un soldato tedesco in posa.

▲ Colonna di TKS tedeschi in sfilata.

▼ La tankette polacca TK-3 fu utilizzata come base del TKD. Nel processo, come si può vedere nell'immagine qui sotto, il design complessivo del telaio rimase per lo più invariato.

TKS TANKETTE, POLONIA 1939

TANKETTE TK/TKS

▲ Vista della tankette polacca TKS dall'alto

MIMETICHE E SEGNI DISTINTIVI

■ MIMETICA INIZIALE

Tra il 1932 e il 1936, i veicoli corazzati polacchi utilizzarono un primo schema mimetico, comunemente chiamato: "mimetica giapponese" in Polonia. La sua fonte normativa non è stata finora rinvenuta negli archivi, pertanto vi sono alcuni dubbi sui colori utilizzati. Secondo le ultime ricerche, basate sull'esame di oggetti museali, consisteva in grandi macchie irregolari di sabbia giallastra, verde oliva e grigio-blu chiaro, separate da sottili strisce nere; il grigio-blu era la tonalità più chiara. Le pubblicazioni tradizionali citavano comunemente il colore marrone scuro al posto del grigio-blu e consideravano la sabbia la tonalità più chiara. Inizialmente esisteva uno schema standard di macchie, ma molti carri armati presentavano schemi diversi o avevano alcuni colori invertiti. L'interno era grigio-blu, le superfici interne dei portelli erano mimetizzate.
Prima dell'introduzione della mimetizzazione "giapponese", cinque TK-3 "di ferro" della prima serie furono sperimentalmente verniciate con macchie bianche e nere, cinque con macchie grigio-blu e cinque con macchie gialle e verdi.

■ MIMETICA TARDIVA

A partire dal 1936 fu introdotto un nuovo schema mimetico standard a tre colori per tutti i veicoli militari polacchi. Consisteva in macchie irregolari di sabbia grigiastra e marrone scuro (seppia) aerografate su un colore di base verde oliva. Le macchie avevano transizioni morbide, la loro forma era principalmente orizzontale, spesso quasi rettangolare o romboidale. Non esisteva un modello standard di patch, anche se i modelli utilizzati erano simili (le istruzioni fornivano esempi di viste solo della parte anteriore e destra della TKS). Spesso le macchie creavano una sorta di scacchiera, soprattutto sui veicoli della tarda serie. Le transizioni tra i colori sono spesso poco evidenti nelle foto in bianco e nero. Gli interni erano dipinti di sabbia, compresi i portelli.
Quasi tutte le tankette vennero ridipinte con la nuova mimetica alla fine degli anni '30, solo alcune tankette utilizzate come draisini corazzati dei treni blindati e forse alcuni veicoli da addestramento rimasero con la vecchia mimetica nel settembre 1939.

▲ Vari segni distintivi dei carri polacchi. Come i francesi, anche i polacchi adottarano i semi delle carte.

SIMBOLI DISTINTIVI

Dall'inizio degli anni '30 fino al 1939, i veicoli corazzati polacchi non portavano alcun segno di nazionalità. Prima della guerra, venivano utilizzate insegne tattiche in lamiera attaccate a scopo di addestramento - dischi (il 1° plotone), triangoli (il 2°) o quadrati (il 3°). Le insegne erano bianche con una striscia verticale rossa per il comandante di plotone, o con un piccolo disco, triangolo o quadrato rosso all'interno per il comandante in seconda. I comandanti di squadriglia avevano un'insegna con un triangolo in un cerchio in un quadrato. I loro colori potevano anche essere invertiti.

Nel settembre 1939, le tankette generalmente non portavano alcuna insegna. L'uso di qualsiasi insegna era proibito in caso di guerra dal regolamento del 1938, tuttavia si conoscono diverse foto di tankette catturate nel settembre 1939, che portavano ancora insegne tattiche. Le foto del 1939 mostrano anche alcuni casi di insegne non ufficiali di unità e forse individuali dipinte sulle tankette (il Grifone di Pomerania per i TK-3 dell'81ª Unità Corazzata, le frecce per i TK-3 di un'unità sconosciuta, il cavallo a dondolo - forse su un carro della 10ª Brigata di Cavalleria, e una foto di una mano armata di spada sul TK-3). I numeri di immatricolazione a quattro cifre furono dipinti solo sulle targhe anteriori fino al 1936, poi le targhe con i nuovi numeri furono riportate all'interno.

▲ Durante i test della tankette in Estonia i mezzi apparivano con la prima tipologia di mimetica.

ALTRI UTILIZZATORI

- **Croazia**: l'indipendente Stato di Croazia, creato dai tedeschi dopo lo smembramento della Jugoslavia nell'aprile del 1941, acquistò diversi veicoli corazzati TKF e TKS dalla Germania o dall'Ungheria tra la fine del 1941 e l'inizio del 1942. Questi mezzi, utilizzati sia dall'esercito che dagli Ustascia, erano conosciuti come "carri Ursus".

- **Estonia**: nel novembre 1934, la Polonia vendette sei tankette TKS all'Estonia. Questi veicoli furono gli unici moderni veicoli corazzati a disposizione del paese baltico. Successivamente, entrarono nei ranghi dell'Armata Rossa quando l'URSS annesse l'Estonia nell'estate del 1940.

- **Germania**: dopo la campagna militare in Polonia, il Terzo Reich catturò la maggior parte delle tankette TK-3 e TKS, molte delle quali erano danneggiate o senza carburante. Questi veicoli furono inizialmente riutilizzati sporadicamente, ma tra il 1940 e il 1941 furono inviati a Łódź per essere riparati. Si stima che tra le 50 e le 100 unità siano state sottoposte a manutenzione, ridipinte nel colore standard dei veicoli corazzati (Panzergrau) e dotate di croci nere e bianche come simboli di riconoscimento. I TKS, più numerosi, ricevettero la nuova denominazione di Pzkpfw TKS (p) ("p" per polnische, ovvero polacco in tedesco) e furono usati come trattori d'artiglieria e per compiti di ordine pubblico e lotta antipartigiana. Alcuni entrarono nella Luftwaffe per la difesa dei campi d'aviazione. Le TK-3 furono rinominate Pzkpfw TK-3 (p) e assegnate agli stessi compiti dei TKS. I carri polacchi furono riarmati con mitragliatrici MG 15 o MG 34 da 7,92 mm, e in almeno un caso lo snodo a sfera fu sostituito da una piastra con un visore e una feritoia. Furono aggiunti anche due fanali sopra i parafanghi laterali. Entrambi i modelli operarono per tutta la durata del conflitto e furono ritrovati in Francia, Norvegia e Finlandia. Nel giugno 1940, i tedeschi crearono una unità di sicurezza equipaggiata solo con carri 7TP, TKS e TK-3, la Leichte Panzerkompanie Warschau (compagnia carri leggera di Varsavia), che il 3 settembre cambiò nome in Leichte Panzerkompanie Ost (compagnia carri leggera est). A febbraio 1941, questa unità aveva solo 10 TKS; il destino successivo di questi mezzi è sconosciuto.

- **Romania**: nel giugno 1937, i polacchi inviarono una TKS e una delle due TKS-D alla Romania a scopo promozionale, ma il paese balcanico declinò l'offerta.

- **Spagna**: la Spagna repubblicana avviò trattative per acquistare 80 unità, ma la transazione non avvenne perché la Polonia mantenne una politica di neutralità riguardo alla guerra civile spagnola, il che le garantì il consenso della Società delle Nazioni. Ufficiosamente, però, i polacchi fornirono armi, parti di ricambio e alcuni vecchi Renault FT al fronte repubblicano, mentre allo schieramento nazionalista furono dati alcuni vecchi caccia PSW-10.

- **Svezia**: negli anni '30, la Svezia ordinò una singola TKS per collaudi e successivamente richiese tra 20 e 60 esemplari, ma la Polonia non rispose positivamente.

- **Ungheria**: il 19 settembre 1939, parte della 10ª Brigata meccanizzata polacca si trovava in Ungheria dopo una ritirata dalla Polonia invasa. Il governo ungherese internò gli equipaggi e si impossessò di 20 tankette, tra cui 4 TKS armate con cannoni da 20 mm. Successivamente, altre 7 TKS e 9 TK-3 furono incorporate nell'esercito ungherese e utilizzate per compiti ausiliari.

- **Unione Sovietica**: il 17 settembre 1939, l'URSS invase la Polonia e catturò tra 15 e 50 tankette, a cui si aggiunsero quelle estoni nell'estate del 1940. I veicoli polacchi furono riuniti in nuovi corpi meccanizzati nei territori occidentali per scopi addestrativi. Alcuni di questi veicoli combatterono durante l'operazione Barbarossa, in particolare nei pressi di Kiev.

ESEMPLARI SOPRAVVISSUTI

Sono sopravvissute solo due tankette TKS e una TK-3 pienamente operative. Tutte sono state ricostruite da relitti nel primo decennio del XXI secolo, utilizzando parti non originali.

- 1 x TKS - Una delle tankette TKS è stata donata alla Polonia dal Museo dei carri armati svedese Axvall e dal 2008 è esposta nel Museo dell'esercito polacco. La TKS svedese è sopravvissuta nel dopoguerra in Norvegia, dove è stata utilizzata da un agricoltore locale come trattore.
- 1 x TKS - Collezione privata.
- 1 x TK-3 - Collezione privata.

Le altre tankette sopravvisute non sono funzionanti.

- 1 x TKS - In mostra al Kubinka Tank Museum in Russia.
- 1 x TKF - Esposta nel Museo militare di Belgrado.
- 1 x TKS - Restituita dal museo delle Forze Armate norvegesi al Museo delle armi corazzate di Poznan, in Polonia.
- 1 trattore d'artiglieria C2P - È stato ritrovato in Belgio e acquistato dal National Military History Center di Auburn, Indiana, dove è attualmente esposto.

▲ Bella immagine con tre soldati teschi della Lutfwaffe in pieno assetto di guerra appoggiati ad una tankette.

TKS TANKETTE, POLONIA 1939

TANKETTE TK/TKS

▲ Un TKS abbandonato a Lipsko (Mazowieckie). Il veicolo proveniva dallo Squadrone di carri da ricognizione della Brigata corazzata di Varsavia e fu uno dei relitti più fotografati di quel settembre 1939.

▼ TKS posto al servizio tedesco - probabilmente subito dopo l'invasione dell'URSS da parte dei nazisti.

TKS TANKETTE, ESTONIA 1940

▲ TKS forniti dalla Polonia all'Estonia prima della guerra.

PZKPFW TKS(P) TEDESCO USATO IN FINLANDIA, ESTATE 1941

▲ PzKpfw TKS(p) carro da ricognizione di un'unità non identificata della Luftwaffe, Finlandia, estate 1941.

PZKPFW TK(p) TEDESCO FRONTE EST, 1941

▲ PzKpfw TK(p) Panzer compagnia Varsavia, Governatorato generale 1941.

PZKPFW TKS(P) TEDESCO, FRONTE EST 1941-1942

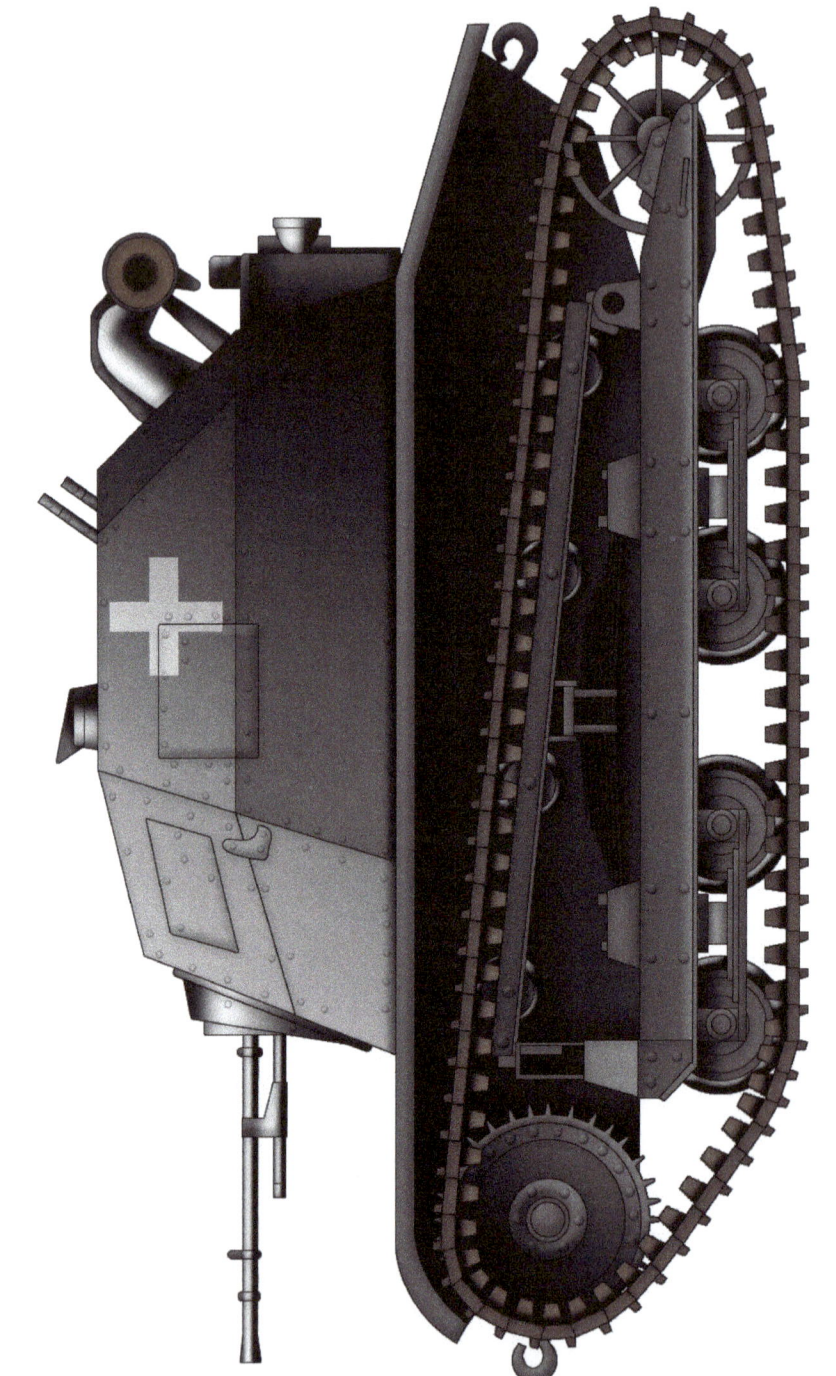

▲ PzKpfw TKS(p) carro da ricognizione di un'unità non identificata, fronte est 1941-1942.

PZKPFW TKS(P) TEDESCO IN NORVEGIA, 1942

▲ PzKpfw TKS(p) carro da ricognizione di una unità non identificata in Norvegia-1942.

SCHEDA TECNICHE

	Carden-Loyd MK VI	TK-3	TKS	TKS 20 mm
Lunghezza	2,46m	2,58m	2,58m	2,58m
Larghezza	1,7m	1,78m	1,79m	1,79m
Altezza	1,22m	1,32m	1,32m	1,32m
Peso in ordine di combattimento	1400-1500 kg	2430 kg	2585 kg	2585 kg
Equipaggio	2	2	2	2
Motore	32 CV	40 CV	45 CV	45 CV
Velocità massima	48 km/h	46 km/h	45 km/h	45 km/h
Autonomia	160 km	200 km	180 km	180 km
Capacità del serbatoio	38 l	70 l	70 l	70 l
Spessore dell'armatura	6-9 mm	3-8 mm	3-8 mm	3-8 mm
Armamento	1-7,9mm Maxim wz.08	1 mitragliatrice da 7,92 mm	1 mitragliatrice da 7,92 mm	Cannone da 1-20 mm

▲Un impiego assai inusuale di un TKS, qui utilizzato per mascherare un mock-up di un T-34 tank sovietico per addestramento. Bundesarchiv 5 Novembre 1943.

PZKPFW TKS(P) TEDESCO IN UCRAINA, 1943

▲ PzKpfw TKS(p) carro da ricognizione di un'unità non identificata in Ucraina, 1943.

▲ La tankette fu un "beutepanzer" per eccellenza. Caduto in buon numero fra le mani dei tedeschi nel 1939 e da questi parecchio riutilizzato.

▼ Una tankette utilizzata dai tedeschi e poi catturata dagli alleati viene ispezionata da un soldato americano in un magazzino belga utilizzato per raccogliere il materiale catturato al nemico.

PZKPFW TKS(P) TEDESCO FRONTE EST, 1943

▲ Trattore "Schlepper" PzKpfw TKS(p) di unità tedesca non identificata, 1943.

TKD SEMOVENTE CON CANNONE DA 47MM, POLONIA 1938

▲ TKD - cannone semovente per fanteria da 47 mm wz.25 Pocisk, Polonia 1938.

TKW CON RORRETTA MOD. 1933, POLONIA 1939

▲ Un TKW ricavato da una tankette potenziata con una torretta modello 1933.

BIBLIOGRAFIA

- Ansell, David - *Ocskay Zoltán: Katonai motorkerékpárok*. Budapest, OldTimer média, 2007.
- Axworthy, Mark - Serbanescu, Horia: *L'esercito rumeno della seconda guerra mondiale*. Londra, Osprey Publishing Ltd., 1991.
- Barbarski, Krzysztof: *Armature polacche 1939-45*. Londra, Osprey Publications, Vanguard 30, 1982.
- Bonhardt Attila - Sárhidai Gyula - Winkler László: *A Magyar Királyi Honvédség fegyverzete*. Budapest, Zrínyi, 1992.
- Englert, Juliusz L. - Barbarski, Krzysztof: *Generale Maczek*. Londra, Istituto Sikorsky, 1992.
- Erdős László: *Katonai évkönyv 1936: Az összes államok haderejének ismertetése*. Budapest, Gergely R. Könyvkereskedése, 1936.
- David R. Higgins: *Panzer contro 7TP, Polonia 1939*. Oxford, Osprey Publishing, 2015.
- Jonac, Adam: *Tankietki TK-3 i TKS, WLU 18.*, Varsavia, Edipresse Polska, 2013.
- Jonac, Adam: *Pojazdy Mechaniczne Wojska Polskiego 1939*. Warsawa, ZP Grupa, 2010.
- Jonac. - Szubanski R. - Tarczynski J.: *Pojazdy Wojska Polskiego 1939*. Varsavia, WKL, 1990.
- Magnuski, Janusz: *Czolg Rozpoznawczy TK(TKS)*. Varsavia, MON, 1975.
- Majka, Jerzy: *Invincibile Brigata Nera: Polish 10th Cavalry Brigade 1939*. Sandomierz, Mashroom Model Publishing, 2010.
- McGilvray, Evan: *uomo d'acciaio e d'onore: Genereal Stanislaw Maczek*. Solihull, Helion Books, 2012.
- Nigel Thomas: *Hitler's Blitzkrieg Enemies 1940*, Oxford, Osprey Publication, 2014.
- Pielkalkiewicz, Janusz: *La cavalleria 1939-45*. Leicester, Macdonald, 1986.
- Pielkalkiewicz, Janusz: *Guerra dei carri armati 1939-1945*. Harborough, Guild Publishing, 1986.
- Porter, David: *Carri armati alleati occidentali 1939-1945*. Londra, Amber Books, 2009.
- Prenat, Jamie: *Polish Armor of the Blitzkrieg*, Oxford, Osprey Publications, New Vanguard 224, 2015.
- Tarnstrom, Roland: *La Polonia e le Repubbliche Baltiche*. H. n., 50 secoli di guerra, 1990.
- Surhone Lambert: *TKS: Tankette, Carden Loyd tankette, Invasion of Poland, Machine Gun, Panzer I, Panzer 35(t), Polish Army Museum, Kubinka Tank Museum*
- Szczerbicki, Tomasz: *Pojazdy Wojska Polskiego 1914-1939*. Czerwonak, Vesper, 2015.
- Zaloga, Steven: *Il carro armato leggero Renault FT*. Oxford, Osprey Publishing, 1988.
- Zaloga, Steven: *Blitzkrieg*. Londra, Arms and Armour, 1990.
- Zaloga, Steven - Madej, Victor: *The Polish Campaign 1939*, New York, Hippocrene Books, 1991.
- Zaloga, Steven: *Treni blindati*. Oxford, Osprey Publishing, 2008.

TITOLI PUBBLICATI

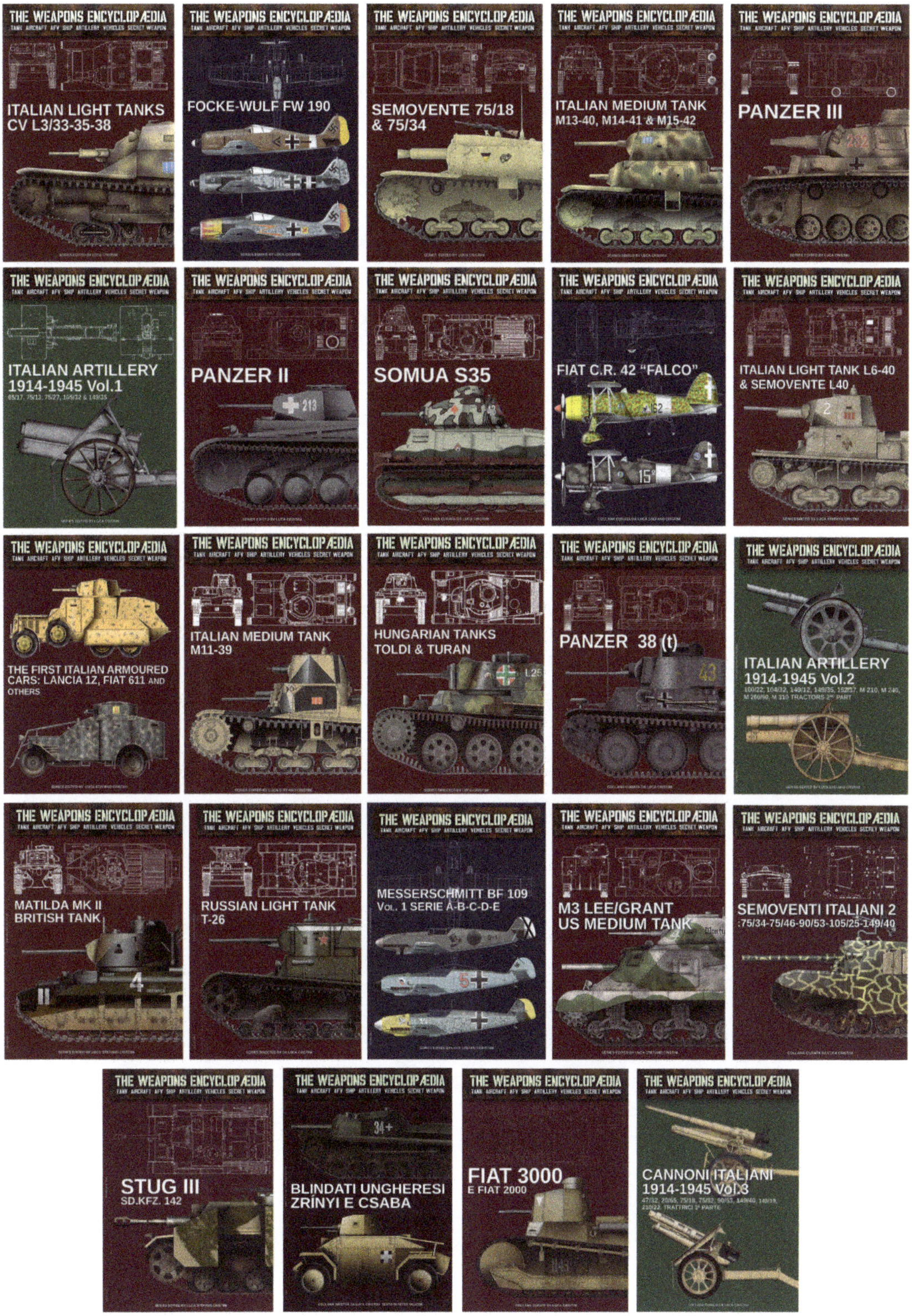

THE WEAPONS ENCYCLOPÆDIA
ITALIAN LIGHT TANKS CV L3/33-35-38
FOCKE-WULF FW 190
SEMOVENTE 75/18 & 75/34
ITALIAN MEDIUM TANK M13-40, M14-41 & M15-42
PANZER III
ITALIAN ARTILLERY 1914-1945 Vol.1
PANZER II
SOMUA S35
FIAT C.R. 42 "FALCO"
ITALIAN LIGHT TANK L6-40 & SEMOVENTE L40
THE FIRST ITALIAN ARMOURED CARS: LANCIA 1Z, FIAT 611 AND OTHERS
ITALIAN MEDIUM TANK M11-39
HUNGARIAN TANKS TOLDI & TURAN
PANZER 38 (t)
ITALIAN ARTILLERY 1914-1945 Vol.2
MATILDA MK II BRITISH TANK
RUSSIAN LIGHT TANK T-26
MESSERSCHMITT BF 109 Vol. 1 SERIE A-B-C-D-E
M3 LEE/GRANT US MEDIUM TANK
SEMOVENTI ITALIANI 2 :75/34-75/46-90/53-105/25-149/40
STUG III SD.KFZ. 142
BLINDATI UNGHERESI ZRÍNYI E CSABA
FIAT 3000 E FIAT 2000
CANNONI ITALIANI 1914-1945 Vol.3

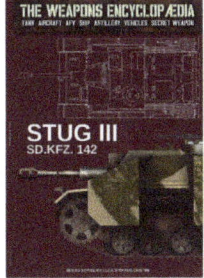

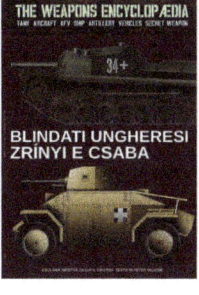

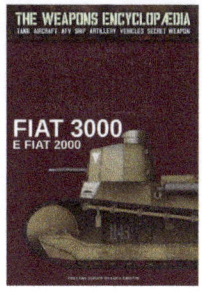

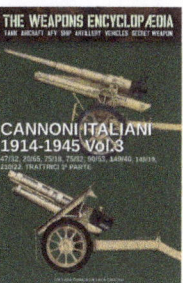

TWE-026 IT

www.ingramcontent.com/pod-product-compliance
Lightning Source LLC
LaVergne TN
LVHW070523070526
838199LV00072B/6693